J. VALMOR

La Loi du Nombre

Notre Principe de Gouvernement

PARIS

LIBRAIRIE DES SCIENCES POLITIQUES ET SOCIALES

Marcel RIVIÈRE

31, rue Jacob et 1, rue Saint-Benoît

1909

La Loi du Nombre

J. VALMOR

La Loi du Nombre

Notre Principe de Gouvernement

PARIS

LIBRAIRIE DES SCIENCES POLITIQUES ET SOCIALES

Marcel RIVIÈRE

31, rue Jacob et 1, rue Saint-Benoît

—

1909

AVANT-PROPOS

La France est actuellement, de tous les pays civilisés, celui où l'ordre et la légalité sont le plus menacés. Je n'en veux donner comme preuves, ici, que les échecs subis aux conférences syndicales internationales de Stuttgart (1902), de Dublin (1903), d'Amsterdam (1905), de Christiania (15-16 septembre 1907), par le syndicalisme français et la Confédération générale du travail, sur les questions de la grève générale et de l'antimilitarisme, qui ont été réprouvés énergiquement par les représentants des autres pays, en même temps que la tactique et les tendances françaises...

Chez nous, au contraire, les syndicats rouges sont des centres d'agitation antirépublicaine, et les grèves sont devenues « les grandes manœuvres » de la « révolution » pour « la prise de possession des richesses sociales » *(1). Toutes les tentatives faites par le gouvernement pour éloigner les syndicats de la violence ont été combattues par eux comme tendant à «* diminuer l'esprit de lutte ».

Il y a deux causes principales à cette pénible situation.

La première est que le gouvernement, condamné à ne vivre que par le nombre, a été amené fatalement à favoriser la formation et le développement de ces associations ouvrières sur lesquelles il s'est appuyé et veut encore s'appuyer, espérant naïvement les avoir toujours avec lui et s'en servir contre les « bourgeois réactionnaires », *sans comprendre que, de concession en concession, il devait nécessairement arriver au jour où son existence même serait en cause. Les éléments révolutionnaires représentent aujourd'hui un dixième des votants ; demain, ils pourraient être assez nombreux pour renverser le régime (2).*

---

(1) Ce sont les termes mêmes d'un manuel de propagande de la C. G. T.

(2) Les « ouvriers de la terre » de l'Hérault et

La seconde raison est que notre système de gouvernement n'est fondé que sur les appétits individuels, sur l'appel aux égoïsmes. Or le syndicalisme, ou esprit révolutionnaire, n'est que l'affirmation brutale d'un égoïsme prêt à tout sacrifier à la soif du « mieux-être ». Et l'on ne déchaîne jamais sans danger la sensibilité humaine ; on ne la domine pas toujours à son gré.

Je demande que l'on renonce à ce principe de gouvernement, qu'on donne une idée généreuse au suffrage universel, et qu'on fasse de la politique une science, c'est-à-dire un mode rationnel de gouvernement.

Je demande qu'on laisse la sensibilité à sa place dans les affaires humaines et qu'on accorde enfin à l'intelligence le rôle qu'elle doit jouer dans l'organisation sociale.

Je soutiens que la passion, c'est-à-dire la sensibilité, est incapable de résoudre les questions sociales.

---

de l'Aude viennent de se rapprocher des idées révolutionnaires : ils ont voté au Congrès de Narbonne un ordre du jour gros de menaces (20 août 1908).

Les réformes qu'on apporte, et celles qui sont à l'étude, sont toutes inspirées par l'intérêt de parti et la passion ; elles ne peuvent donner que de mauvais résultats.

Pour les mêmes raisons, je regarde comme inutile la réforme tant réclamée de la représentation proportionnelle ; elle ne supprimerait aucune des imperfections du régime actuel ; elle ne rendrait pas le nombre moins brutal et moins incohérent, plus juste. Ce serait quelque chose comme un cautère sur une jambe de bois.

Cependant, qu'on ne l'oublie pas, dans une organisation politique où tout repose sur le suffrage universel, c'est avant tout le suffrage universel qu'il faut mettre à la hauteur de son rôle ; le reste suit. C'est par les fondations qu'on commence la construction d'une maison.

J'ai donné à ma pensée une forme courte et simple, débarrassée de toute érudition indigeste, de détails passionnants, afin de me mettre plus sûrement à la portée de tout le monde.

LA LOI DU NOMBRE

Origine du Suffrage universel;
Ce que l'institution
a produit dans l'Antiquité

Quand le culte des morts, qui avait créé dans la cité antique la religion et les institutions et le gouvernement, se modifia sous l'influence des progrès de la pensée philosophique, la société antique, basée tout entière à l'origine sur l'idée religieuse, se modifia, elle aussi ; et l'homme, se repliant sur lui-même, chercha dans sa propre nature, dans la connaissance plus positive qu'il avait acquise des choses, les principes de l'association sociale et du gouvernement, puis du droit. On ne se demanda plus ce que les dieux désiraient, ordonnaient, mais ce que *l'intérêt public* exigeait ; on ne consulta plus les auspices pour savoir ce qu'il fallait à la cité, on délibéra ; on n'accepta plus comme loi l'opinion du prêtre, ou du roi, ou du magistrat sacré ; on vota. Mais le suffrage des hommes, regardé d'abord comme insuffisant pour établir l'autorité des chefs de la cité (1), ou comme subordonné à la volonté des dieux (2), se dégagea de toute croyance mystique et trouva en lui-même son autorité : il devint le principe du gouvernement et des institutions, la source du droit.

La cité primitive, trop étroite comme la religion primitive, s'élargit de tous ceux qui, tenus d'abord à l'écart des affaires publiques, réussirent à briser les barrières sociales et à s'élever à la dignité de citoyen. A l'aristocratie religieuse, qui avait dominé dans les

---

(1) A Athènes, et dans beaucoup de cités grecques, à l'abolition de la royauté, le tirage au sort fut adopté pour la désignation des magistrats, comme un mode d'élection capable de révéler la volonté des dieux.

(2) A Rome, l'assemblée du peuple ne pouvait voter que sur les noms présentés par le président des Comices, comme agréables aux dieux, d'après les auspices pris par lui.

premiers siècles, succéda une aristocratie de richesse, puis la démocratie.

Le suffrage universel s'établit.

Mais un maître nouveau, le peuple, était créé. A la tyrannie des premiers âges, acceptée facilement par des simples d'esprit comme la volonté redoutable des dieux, succéda une tyrannie nouvelle, celle des assemblées populaires, plus lourde, plus capricieuse, plus insupportable, parce qu'elle était faite d'envie et de haines humaines toujours critiquables, de jalousies et d'intérêts personnels, de luttes incessantes et de continuelles menaces.

Tant que l'idée religieuse domina le nombre, la cité antique eut une stabilité relative, mais ne connut ni la liberté, ni la justice ; quand le nombre triomphant devint le seul principe de gouvernement, la seule discipline sociale, *l'intérêt public*, au nom de quoi l'on parlait et agissait alors, et qui peut être facilement confondu par chacun avec son propre intérêt, se plia aux ambitions des mauvais citoyens, et les luttes intestines et les guerres civiles divisèrent la cité, qui s'émietta, périt, sans avoir réalisé aucun progrès politique.

La société antique fut toujours injuste à l'égard de l'individu, qu'elle n'aperçut pas, et elle ne connut point le *droit*; elle était basée sur un principe instable, la loi du nombre, et ne connut jamais la *liberté ;* voilà les deux causes de ruine qu'elle renfermait

Les révolutions par lesquelles le nombre s'était imposé avaient bouleversé les conditions de la vie humaine, mais n'avaient pas supprimé la misère, malgré les confiscations et les abolitions de dettes sans cesse décrétées par les majorités, et malgré toutes les guerres civiles qu'on fit pour « déplacer les fortunes », selon la forte expression de Polybe.

Par contre, à partir du jour où les démagogues excitèrent les convoitises et les appétits des pauvres pour arriver au pouvoir, la société antique ne fut plus qu'une réunion d'hommes, dont les uns étaient des tyrans et les autres des esclaves, et la démocratie devint synonyme de tyrannie ; elle s'allia partout aux tyrans pour écraser tout ce qui lui était supérieur.

La *loi du nombre* n'a donc rien produit de bon dans les temps anciens.

Le Suffrage universel et l'Égalité

Après une longue éclipse, elle apparut de nouveau ; et de nouveau les hommes se sont dit : comptons-nous, pour savoir qui a raison.

Etrange contresens politique !

Les anciens étaient excusables de raisonner ainsi ! Mais nous ?... Et nous pensons avoir réalisé un progrès en revenant à leur méthode, sans aucun perfectionnement, sans aucun esprit d'examen ! Chose encore plus grave, nous ne voulons aucun perfectionnement sur ce point : nous nous y refusons systématiquement, catégoriquement, en dépit de tout ce qu'il y a de manifestement attristant dans l'expérience.

De fait, il n'y a rien en sociologie de plus simple que la loi du nombre, rien de plus approprié à l'esprit des masses. « Vous êtes deux ; nous sommes trois : donc, vous avez tort. » Pas besoin de science pour cela ; pas besoin d'expérience ; la vérité se ramène à une addition !

Et voilà pourquoi les masses y tiennent.

Le suffrage universel présente en outre le grand avantage de mettre tous les hommes sur le même plan et de flatter cet amour de l'égalité, si naturel aux âmes médiocres, ou envieuses, ou naïves, c'est-à-dire aux trois quarts de l'humanité.

Mais d'abord, l'égalité n'est nulle part dans la nature : tous les êtres diffèrent les uns des autres par quelque côté ; il n'y en a pas deux absolument semblables. Parmi les hommes, l'un est beau, bien fait, élégant ; l'autre est laid, mal fait, lourdaud ; l'un a tous les traits fins, l'autre n'en a qu'un ou deux ; l'un plaît et se fait aimer; l'autre est antipathique; l'un est doué d'un bon estomac ou d'organes fonctionnant bien, l'autre est dyspeptique ou souffre de troubles organiques quelconques, etc... Au point de vue intellectuel, l'un est doué d'une compréhension vaste et vive, l'autre a l'entendement lent et borné ; l'un possède une mémoire prompte et tenace, l'autre a une pauvre mémoire ne retenant que bien peu de choses ; l'un possède une imagination souple et riche, l'autre a un esprit sans élévation ; l'un est doué d'une grande puissance de raisonnement ou d'une remarquable rectitude de jugement, l'autre est affligé d'un pauvre esprit faux ou esclave des nerfs et des mouvements de la sensibilité, etc. Au point de vue moral, l'un n'est pas l'égal de l'autre par la délicatesse de la conscience, ou par l'attachement au bien, ou par la fermeté de la volonté, ou par la force des bonnes habitudes, ou par la faiblesse dans le mal, etc.

Partout, les différences ou les nuances sont infinies.

Peut-on supprimer toutes ces inégalités, et faire les hommes semblables sur tous ces points ?

Beaucoup tiennent pour l'égalité intellectuelle, renonçant au reste.

En vérité, c'est ridicule, insoutenable, d'un orgueil insensé. Pour ma part, je reconnais sans faux amour-propre que, si je suis plus capable que certains de comprendre certaines choses, par suite d'une éducation ou d'une

habitude spéciales, je suis moins apte que
d'autres à comprendre d'autres choses, et que
j'ai, sur une foule de points, moins d'expérience et de science que d'autres. L'intelligence n'est pas un tout indivisible, im-
muable : elle est une moyenne de facultés et
d'habitudes ; et cette moyenne varie non seulement suivant les caprices de la nature, mais
encore avec le milieu, l'éducation, les relations elles-mêmes, les goûts, les nécessités,
la moralité, et bien d'autres causes. Il est
donc absurde de soutenir que tous les
hommes sont égaux sur tous ces points.
Même sur une question où il peut y avoir
égalité entre deux individus, cette égalité
est très souvent rendue impossible par une
distraction, ou par un sentiment d'indiffé-
rence, ou par un affaiblissement passager des
facultés intellectuelles sous l'influence d'une
cause physique ou morale ou physiologique.

Soit ! dit-on encore ; mais, en politique,
que demande-t-on aux masses ? — de choisir
des représentants ; et tous les hommes s'équi-
valent pour si peu.

Et sur quoi se base-t-on, je le demande,
pour choisir ? — Sur la coupe des habits ?

ou la beauté du visage ? ou autre chose analogue ? — Non certainement ; mais sur les programmes. Or, les programmes ne peuvent être exactement appréciés que par ceux qui possèdent la science, l'expérience et l'intelligence nécessaires. Nous retombons alors dans les inégalités indiquées : selon que l'électeur a plus ou moins d'intelligence, de moralité, d'expérience, de science, d'indépendance, il est plus ou moins apte à faire de bons choix. Donc, ici comme ailleurs, pas d'égalité. On ne saurait raisonnablement assimiler, au point de vue de la valeur, le vote d'un membre de l'Académie des sciences morales et politiques et celui d'un balayeur de rues ou d'un palefrenier ; et cela n'a rien d'humiliant pour ces derniers. En revanche, le membre de l'Académie des sciences morales et politiques est très probablement inférieur au palefrenier dans l'art de soigner les chevaux. A chacun son métier ! Eh bien ! c'est précisément le métier de gouvernant qui est le plus ardu ! On n'a pas l'air de s'en douter. C'est précisément la science politique qui est la plus difficile, celle qui demande les qualités intellectuelles et morales

les plus grandes, les connaissances les plus
variées, les plus étendues. La science du gouvernement des hommes embrasse la psycho-
logie et la morale, le droit, l'économie politique, la politique proprement dite, l'histoire,
sans compter la logique qui est l'art de raisonner avec justesse et d'éviter l'erreur : et
à quel homme sensé fera-t-on alors admettre
qu'un citoyen quelconque possède suffisamment ces sciences pour pouvoir raisonner
comme il faut sur des articles de programmes
ayant rapport à l'économie politique, ou au
régime de la propriété, ou aux relations internationales, etc.? Quant à moi, je ne me
crois amoindri en rien pour reconnaître que
ma compétence ne s'étend pas à toutes ces
questions.

Il n'y a qu'une seule égalité, et de principe :
c'est l'égalité devant la loi. Je dis « de principe », parce qu'en fait l'inégalité existe ici
aussi, et doit exister. Par exemple, un père
qui contraint son fils, un jeune homme de
seize ans, à commettre avec lui une mauvaise
action, est plus coupable que le fils et doit
être plus sévèrement puni ; de même, un magistrat qui détourne une femme mariée de

ses devoirs est plus coupable qu'un garçon coiffeur, ou même un étudiant en droit, et mérite un châtiment plus sévère ; de même, nous devons tous contribuer aux charges de l'Etat, mais dans la mesure de nos ressources ; et ainsi de suite. L'égalité ici serait l'injustice.

Il reste donc que tous doivent être soumis aux mêmes lois, dans les limites et avec les inégalités de fait que nous avons marquées, et qu'il n'y a plus de lois spéciales à telle ou à telle catégorie d'individus, en France au moins.

On a certainement eu raison de l'établir. Et au nom de quel principe ? — Au nom de l'égalité des besoins imposés à l'homme par son être, ce qui fonde les *droits naturels,* ceux de vivre, de travailler pour vivre et de s'associer pour travailler, de vaquer librement à ses affaires, de posséder, de penser et de s'instruire. Tous les hommes sont égaux devant ces besoins, et la loi doit refléter cette égalité fondamentale : elle n'a pas d'autre raison d'être, ne doit pas avoir d'autre but que la sauvegarde de ces droits ; et toute restriction inutile sur ces points est un mal. Mais,

cette sorte de protection doit être la même
pour tous : la propriété du président de la
République et celle des simples citoyens doivent être défendues par les mêmes lois.

Cependant, même sur ces points, on peut
établir à quelques égards des inégalités entre
certains individus et les autres, en raison
de la fonction sociale et de la gravité que
revêtent les atteintes portées à certains
droits des personnes haut placées.

Ainsi, l'inégalité est partout. L'égalité est
une chimère, un rêve irréalisable ; si jamais
on l'établissait, elle serait détruite du jour
au lendemain, parce qu'elle ne correspond ni
aux aspirations de la nature humaine, ni
aux nécessités des choses ; parce que la
différenciation est la loi du monde biolo-
gique et du monde moral ; parce que tout
être qui pense est travaillé par l'amour de
l'excellence où il trouve les raisons de vivre,
d'être heureux, et que l'égalité serait le renoncement à soi-même, la dégénération, la mort
de l'intelligence.

Voilà ce qu'il faut avoir le courage de
reconnaître, surtout de proclamer. Assez
d'hypocrisies et de mensonges ! Notre orga-

nisation politique n'est fondée que là-dessus, sur des espérances fatalement déçues. Songeons aux souffrances qui en résultent, aux haines engendrées par de sottes affirmations « d'égalité » et de « fraternité » dont on a rempli l'âme naïve des foules, au point de les pousser à l'assaut de toutes les distinctions avec la rage au cœur, et de créer un état d'esprit antisocial.

Voilà donc un premier principe faux, sur lequel est basé le suffrage universel tel qu'il existe actuellement, chez nous au moins.

En voici un autre : le nombre fait la vérité.

Le Nombre et la Vérité

Voyons ce qui en est.

Remarquez d'abord que, même si l'on était cinq cent mille à affirmer contre dix que l'oxygène est un gaz asphyxiant, ou que la terre a la forme d'un cigare, cela ne rendrait pas ces propositions vraies.

On l'admet pour ce qui est en soi et par soi, pour ce qui peut être démontré expérimentalement ; on le nie pour ce qui est établi par l'esprit et dont l'existence est une simple obligation, pour ce qui ne peut pas être prouvé expérimentalement ; et, les propositions de l'ordre moral et légal, de l'ordre politique et économique sont dans ce cas, dit-on.

Assurément, dans l'ordre physique et naturel, ce qui est et ce qui doit être se confondent, et n'est vrai que ce qui se démontre expérimentalement : mais, est-ce une raison suffisante pour soutenir que dans les sciences morales et politiques ce qui doit être représente un simple point de vue de l'esprit, un préjugé du temps ou du milieu, que tout est vrai ou faux suivant le point de vue auquel on se place, et que la vérité ne peut pas être établie expérimentalement ?

Je ne le crois pas. Souvent, s'il y a opposition entre ce qui doit être et ce qui est, c'est la conséquence de la liberté ou de l'ignorance, aussi bien que des préjugés. De ce qu'il y a des gens employant leur liberté à ne pas travailler et à voler pour vivre, s'ensuit-il que l'idée de la nécessité du travail et que l'habitude de réprimer le vol soient des préjugés ? Le mauvais usage de la liberté sur ce point, ainsi que les nombreux faits contraires aux prescriptions de la raison ne changent ni la valeur de ces prescriptions, ni les nécessités des choses ; et tout cela ne fait pas que ce qui est et ce qui doit être peuvent être indifféremment pris l'un pour l'autre. Du reste, la vérité, ici, comme dans la plupart des cas, dans les sciences morales et politiques, peut être établie expérimentalement : nous n'avons qu'à observer ce que sont les paresseux, ce qui arrive lorsqu'on empêche quelqu'un de travailler ou qu'on le contraint au vol, pour être amené à tenir pour vérités la nécessité du travail et l'obligation de réprimer le vol. Dans l'ordre politique, nous n'avons qu'à établir la tyrannie, ou la licence, et en observer les conséquences, ou la restriction des droits naturels d'une catégorie de citoyens en vue du plaisir ou de l'intérêt des autres, pour arriver, si nous sommes de bonne foi, à regarder comme des vérités la nécessité d'accorder aux individus la plus grande liberté qui soit compatible avec leur mentalité, ainsi que l'obligation de fixer des limites raisonnables à la liberté individuelle, en prévision des écarts des gens à mentalité inférieure, et enfin la nénécessité de renoncer à toute restriction des droits individuels qui ne soit pas la même pour tous et également profitable à tous, sans aucune distinction. Dans l'ordre économique, l'expérience est encore plus facile en raison de la matérialité des faits.

Dans toutes ces sciences, tantôt l'expérience est instituée par l'homme, tantôt elle est faite par les choses elles-mêmes, et l'on n'a qu'à observer.

Ainsi, dans les sciences sociales, la vérité existe, démontrable ; et, si cette vérité est plus complexe qu'ailleurs, sans cesse voilée par la passion et l'intérêt, si la démonstration en est plus difficile, moins rigoureuse, plus lente, ce ne sont pas des raisons pour la nier : ce sont tout simplement des motifs assez sérieux pour qu'on confie aux plus expérimentés, aux meilleurs, le soin de l'élaborer, de la mettre en pratique. Mais cette vérité ne se dégage pas tout naturellement du nombre, n'est pas faite par le nombre.

Au contraire, nombre et vérité se distinguent par leur *nature* et par leurs *effets*.

Au point de vue de la *nature*, on peut établir, par exemple, ces distinctions :

1° La vérité a de la valeur par elle-même ; et cette valeur tient à ce que son contraire n'existe pas, ou ne produit rien de bon ; — le nombre n'a aucune valeur par lui-même ; il ne vaut que par les choses ou les êtres constituant la collection donnée : ainsi, dix pièces de cinq francs valent mieux que dix pièces de deux francs, de même que dix pièces françaises de cinq francs valent mieux pour nous, Français, que dix pièces espagnoles de cinq francs ou dix piastres de l'Indo-Chine ; de même, dix chevaux de bonne race valent mieux que dix de race inférieure. Et ainsi de suite. Par conséquent, dix électeurs intelligents, instruits et doués de moralité, valent mieux que dix électeurs imbéciles, ou ignorants, ou malhonnêtes.

2° La vérité, sans avoir partout la stabilité parfaite qu'elle a dans les sciences mathématiques, a cependant partout une certaine stabilité ; elle est partout un rapport dont la rigueur varie assurément mais ne tombe jamais dans la contingence, ce qui ferait d'elle une contradiction. — Le nombre n'a aucune stabilité : il est tel aujourd'hui et tel autre demain ; un caprice, un hasard, une variation de l'intérêt ou une façon nouvelle de le concevoir, un changement quelconque dans le sentiment, une ruse, un mensonge suffisent à le modifier ; il n'est pas deux fois le même puisqu'il n'est pas lié à la nature des choses et qu'il est essentiellement factice, empirique, changeant avec les causes qui le produisent. Le nombre n'est donc pas un rapport cons-

tant, puisqu'il est déterminé par des causes
ni régulières, ni prévisibles, ni logiques, ni
mêmes raisonnables. Il est son contraire aussi
bien que lui-même ; il est antinomique ; il
n'est rien au regard de l'intelligence et de la
logique ; il ne prouve rien.

3° La vérité est à la fois l'œuvre de l'esprit
et des choses : l'esprit la suppose dans les
choses et la dégage ; elle n'est donc pas une
pure forme de l'intelligence, arbitrairement
posée ; elle renferme toujours de la nécessité
objective ; et la part de l'esprit est constituée
par ce qu'il y a de supérieur en nous, par la
faculté d'apercevoir le nécessaire et l'universel, par la raison. — Le nombre, au contraire,
n'existe pas dans la nature : il est un simple
point de vue de l'intelligence ; il peut alors
être arbitrairement posé par elle, et, comme
l'intelligence est absolument libre, ici, elle
peut créer le nombre avec ce qu'il y a d'inférieur en elle, avec le préjugé ou la passion,
l'ignorance ou l'intérêt. Le nombre, par conséquent, ne renferme ni des nécessités de l'esprit, ni des nécessités des choses : il ne signifie
rien. Aussi bien, il participe de la nature des
causes qui le déterminent, et peut être dange-

reux comme la passion, l'égoïsme, l'ignorance.

4° Le nombre est une forme de la force
brutale, quand il est en désaccord avec la vérité et qu'il s'impose par lui-même. Dans ce
cas, il se ramène à ceci : vous êtes deux, nous
sommes trois ; vous devez nous obéir et nous
vous y contraindrons au besoin parce que
nous sommes les plus forts ; — ou bien, il est
une convention purement artificielle dénotant
l'impossibilité ou le désespoir de s'entendre
par les moyens logiques, parce qu'il y a en
présence, non des intelligences droites et im-
partiales, mais des égoïsmes ou des passions
en lutte, inconciliables ; et alors le nombre
n'est qu'un expédient, un moyen de sortir de
l'incohérence d'une façon provisoire, sans
préjudice de revanche. — La vérité est une
force morale qui attire et subjugue douce-
ment, sans violence aucune, les intelligences
capables de la recevoir ; et, loin de suggérer
des désirs de revanche, elle fait naître un
doux sentiment de quiétude intellectuelle, un
besoin de repos, l'impression qu'on est à un
point fixe.

5° La vérité, étant toujours ce qui doit être,

même lorsqu'elle est battue en brèche par les caprices de la volonté ou de la sensibilité, est partout conforme à l'ordre et à l'harmonie, au *bien* dans les sciences morales et dans les faits sociaux ; — le nombre, au contraire, peut être le mal, le désordre, le danger, puisqu'il n'est rien par lui-même.

De ces différences de nature résultent des différences d'effets.

La vérité produit la paix intérieure et la paix extérieure. Dans la conscience, en effet, elle suscite la conviction qu'une victoire a été remportée sur l'ignorance ou l'erreur et que l'effort est devenu inutile sur le point conquis ; en même temps, le doute s'enfuit, et l'esprit, n'étant plus ballotté entre l'incertitude et la croyance, devient calme, plein de confiance ; c'est la béatitude intellectuelle ; le seul désir de l'âme, à ce moment, est de rester le plus longtemps possible dans cet état. D'autre part, sous l'empire de ces sentiments, les intelligences se rapprochent, vaincues par l'évidence, partagent la même croyance, et s'orientent instinctivement vers la même fin ; plus d'oppositions, plus de luttes. — Le nombre, lui, est loin de produire ces effets. Dans la conscience individuelle, non seulement il laisse subsister le doute, mais il laisse intacte la croyance en la possibilité du contraire, parce qu'il ne prouve rien et qu'il est souvent en opposition avec la justice et le droit, avec le bon sens, la raison de l'humanité ; il ne détruit donc pas, même quand il est imposant, le désir du mieux dans le sens de la vérité, ou dans le sens de l'intérêt. Il en résulte qu'il pousse à l'effort par où il peut être modifié, et qu'il engendre la lutte sans fin ni trêve, accumulant à chaque défaite dans le cœur du vaincu des désirs de revanche que rien ne rend insensés, et dans le cœur du vainqueur la pensée contraire, celle d'user de la victoire, de mettre tout en œuvre pour conserver la supériorité. D'où, rivalités, intrigues, conflits, divisions. Et voilà pourquoi les sociétés régies par la *seule* loi du nombre sont en perpétuelle agitation, en perpétuelle instabilité ; la révolution latente y remplace la sage et lente évolution. Ce fut le sort des cités antiques dès qu'elles perdirent leur équilibre par la ruine de l'idée qui avait servi de principe directeur à la vie publique, et qu'elles adoptèrent le nombre seul comme

moyen de gouvernement ; tout s'effondra dans
le désordre et l'anarchie. Cependant la démocratie athénienne, par exemple, avait pris de
sages précautions contre les démagogues et
les entraînements des foules, contre le suffrage universel ; sachant bien qu'une démocratie ne peut se maintenir que par le respect
des lois, elle les avait placées au-dessus de
l'assemblée du peuple et lui en avait refusé
l'initiative pour la confier aux thesmothètes.
Bien plus, aucune disposition légale ne pouvait être soumise au vote de l'assemblée si elle
n'avait pas été discutée et adoptée par le
Sénat ; et cinq orateurs désignés devaient en
présenter la critique. Elle avait donc reconnu
là, implicitement, l'insuffisance du nombre
pour donner à une loi l'autorité nécessaire :
elle voulait y introduire quelque chose de
plus, l'expérience, la science. Mais Athènes,
pas plus que Rome d'ailleurs, ne put échapper
à la ruine, parce qu'il manquait à la société
antique une base solide, stable, après l'affaiblissement des idées de religion et de patrie,
et qu'elle ne la trouva pas dans une conception philosophique et pratique du *droit*.

De fait, le nombre, sans une idée directrice

nette et stable, ne peut engendrer que l'incohérence et les pires turpitudes. Rien de grand, rien de durable ne peut être édifié par lui seul : c'est au contraire la vie précaire, misérable, au jour le jour. Ce qui fonde et vivifie, c'est l'idée ; et la plus apte à cela est la vérité.

Le Nombre et le Droit

Dans l'ordre social, la vérité fondamentale, principe et fin de toute organisation, idée directrice de toute évolution, est le *droit.*

On définit le *droit,* la faculté de faire tout ce qui est compatible avec l'égale liberté d'autrui. Mais ce n'est qu'une formule ; et il n'y a rien de plus lâche, de plus élastique que les formules : la plupart sont étendues à des choses qui ne peuvent y entrer et se plient à des interprétations différentes. Il faut s'entendre sur le sens et la portée.

Tel que je le conçois, le *droit,* dérivant de l'organisation de l'homme, est le droit naturel rationalisé, socialisé ; il comprend tout ce qui *doit être,* tout ce qui est nécessaire pratiquement, tout ce qui, mis en action simultanément par tous les hommes, non seulement ne cause aucun dommage à qui que ce soit, mais sert au contraire les intérêts de tous simultanément. Ainsi entendu, le droit participe de la nature de la raison dont il possède les caractères ; il est le *social-rationnel* (1). Il est imprescriptible comme la raison elle-même ; il est inviolable.

Est-ce que cette conception correspond à celle qu'on se fait du droit dans notre société actuelle ? — Certainement non, puisqu'on regarde le droit comme relatif, contingent, prescriptible et violable, c'est-à-dire pourvu de caractères qui en constituent la négation et autorisent toutes sortes d'injustices. Et je ne parle pas du sentiment de la foule qui a ses passions, ses entraînements et ses erreurs (2), qui, partant, peut ne pas avoir une notion bien nette ou juste du droit, et peut ne pas s'y conformer dans ses actes ; je parle du sentiment de l'élite elle-même, des dirigeants,

---

(1) Voir, pour plus ample explication, *Conditions et limites du Gouvernement par la majorité*, p. 359 et sq.

(2) Pour les syndicalistes, « la justice, c'est-à-dire la légalité, c'est la raison du plus fort ; c'est à devenir plus forts que les travailleurs tendent... » (M. V. Griffuelhes, *l'Action syndicaliste*.)

de ceux qui devraient avoir une éducation sociale élevée et donner l'exemple du respect de l'individu. Certes, dans l'esprit de nos dirigeants, la vie revêt les caractères du droit; ils en poussent même le respect jusqu'à la regarder, par un humanitarisme que je n'ai pas à examiner ici, comme aussi inviolable chez le criminel endurci, chez la brute humaine, que chez l'honnête citoyen (1) ; mais en est-il de même pour les biens des individus, pour la liberté de travail, pour la liberté de conscience, pour ce qu'on appelle la liberté individuelle et qui est la faculté de jouir de l'indépendance tant qu'on n'a rien fait qui constitue un crime ou un délit grave ? Voyons.

---

(1) Depuis 1907, malgré les réclamations réitérées des jurys de la Seine, des Bouches-du-Rhône, de Vaucluse, du Puy-de-Dôme et de beaucoup d'autres départements, la peine de mort n'est pas appliquée systématiquement en dépit de l'accroissement inquiétant de la criminalité, partout. Ce refus opiniâtre d'exécuter une loi non abrogée me semble peu conforme à la légalité et à la Constitution.

La *propriété individuelle* n'est pas suffisamment respectée en France, quand il s'agit d'ennemis politiques; et, bien souvent, hélas! trop souvent, on pourrait se demander si l'on est en pays civilisé, à voir les actes des gouvernants eux-mêmes : il suffit de se rappeler toutes les spoliations commises au nom de lois d'exception votées pendant ces dernières années, pour le reconnaître sans peine, si l'on est de bonne foi. Confiscations de presbytères construits par des curés avec leur propre argent, confiscations d'églises édifiées avec l'argent des fidèles, confiscations des fonds des caisses de retraite créées par les prêtres avec leurs propres ressources pour le pain de leurs vieux jours, confiscations avec rétroactivité des biens donnés aux fabriques pour des messes et revenant à des collatéraux ou à des légataires universels, tout cela constitue des attentats à la propriété rappelant les spoliations décrétées dans les cités antiques contre des ennemis politiques, ainsi que les Ordonnances du 15 janvier 1683 et du 21 août 1684, par lesquelles Louis XIV enlevait aux Consistoires supprimés leurs biens, au profit des hôpitaux ; c'est ce qu'ont très bien dit les protestants de France dans la pétition qu'ils ont fait déposer sur le bureau du Sénat en février 1908, en vue d'empêcher les nouvelles spoliations préparées contre les catholiques (1). Nous n'avons donc pas fait grand progrès sur l'antiquité, à cet égard ; et, s'il y a des réactionnaires entre ceux qui commettent de tels actes et ceux qui les réprouvent, ce ne sont pas certainement ces derniers. Une preuve évidente de l'injustice et du caractère d'exception de ces mesures est que la loi de 1901, par exemple, n'a pas pu être appliquée aux Passionnistes anglais de Paris, sur la réclamation de l'ambassadeur d'Angleterre !

La *liberté du travail* est-elle mieux respectée ? Hélas ! non. Nous voyons tous les jours des ouvriers ou des employés, désireux de travailler pour donner du pain à leur famille, mis dans l'impossibilité de le faire et assommés par les grévistes profondément dédaigneux de la « *légalité bourgeoise* », sans que l'autorité, esclave du nombre, inter-

____

(1) Loi du 13 avril 1908.

vienne franchement, efficacement, pour protéger ceux qui veulent user de leur droit. On prend quelques mesures hypocrites, lâches, insignifiantes, pour sauver les apparences, et voilà tout ; mais, au fond, les pouvoirs publics sont enclins à tolérer les violations de la liberté de travail, et l'individu, se sentant sans protection contre les violences des grévistes qui représentent très souvent la minorité, se courbe et se résigne à la faim. Comme sous l'ancien régime, par conséquent, ainsi que l'a fort bien dit M. Jules Roche, les syndicats permettent ou interdisent le travail, enlèvent la faculté de gagner leur vie à ceux qui ne se soumettent pas à leurs ordres, « instituent en fait pour eux un véritable monopole en supprimant le travail par d'autres..., rétablissent en fait le *régime corporatif obligatoire* ». Donc, sur ce point aussi, nous n'avons pas fait grand progrès ; et le droit d'association, détourné de son but, est devenu un droit à la révolution, à l'émeute (1), en même temps qu'un

---

(1) Se rappeler les sanglantes journées du 18 avril 1906, à Lens (plus de 100 blessés du côté

instrument d'oppression en faveur de certains intérêts individuels. La socialité manque encore aux masses à cet égard. Le Français est resté sottement individualiste, même dans l'association : il ne voit jamais l'organisme social auquel il appartient ; et les ouvriers proclament que leur intérêt prime tout.

Et la *liberté de conscience* ? — Oh ! nous autres, Français, nous ne pouvons pas encore nous résigner à laisser chacun libre de penser comme il lui plaît, en politique, en religion : sur ces matières, nous n'avons que la liberté de penser comme nos dirigeants, et ceux qui ont l'audace de ne pas accepter leur catéchisme sont des parias, comme dans l'antiquité, où ceux qui n'étaient pas avec la majorité étaient traités comme des esclaves. Ni faveurs, ni libertés, ni droit, ni justice pour les adversaires de la majorité,

---

des troupes), du 18 et du 19 septembre 1906, à Grenoble, du 2 juin 1908, à Draveil, du 30 juillet 1908, à Draveil et à Villeneuve-Saint-Georges (3 morts et plus de 80 blessés), etc.

en France : les gouvernants ne travaillent qu'à réduire l'opposition par la violence et à renforcer la majorité par la corruption et le trafic des consciences ; voilà toute leur œuvre. Il faut, en effet, avoir le nombre, au-dessus duquel il n'y a rien ! Aux yeux de nos gouvernants, brimer, insulter un opposant, c'est, pour un simple citoyen, se montrer bon républicain ; pour un fonctionnaire, c'est un titre à un avancement. La justice elle-même, instituée pour servir d'arbitre, se prostitue devant le dieu nouveau et refuse le droit commun à l'adversaire politique. Les faits abondent ; il ne me serait pas difficile d'en citer autant qu'on en voudrait. Voilà comment, de tous côtés, on fait pression sur la conscience individuelle, pour la réduire par la violence ou par l'intérêt, pour la décourager et l'annihiler, quand elle veut rester indépendante. L'Eglise autrefois usait de ces procédés ; on l'a combattue, au nom de la liberté ; mais on lui a pris ses procédés après l'avoir vaincue. Où est le progrès ? — En matière de religion, mais pour les catholiques seulement, c'est pire ! Depuis dix ans que les gouvernants leur font une guerre sans merci (1) et les dénoncent sans cesse à la haine de leurs concitoyens, on est arrivé à peu près à faire d'eux les ilotes de la République Française. Ils servent même quelquefois de cibles à leurs ennemis. C'est si peu de chose qu'un catholique ! Les gouvernants sont les premiers et les plus acharnés à violer leur liberté de conscience : ils leur ont enlevé le droit d'élever comme ils veulent leurs enfants, à qui ils permettent d'enseigner l'irréligion, le collectivisme et l'antimilita-

---

(1) Chose curieuse ! des hommes, qui sont pour beaucoup dans la politique d'oppression des catholiques en France, réclament énergiquement la liberté de conscience pour eux, et même pour les malgaches !! Voici, par exemple, l'ordre du jour voté le 8 juin 1908 par la Ligue des Droits de l'Homme au Congrès de Lyon : « Le Congrès invite le Gouvernement de la République à faire respecter à Madagascar la liberté de conscience des indigènes, en observant une neutralité absolue entre toutes les convictions religieuses... » La cause de cette manifestation, en apparence seulement libérale, est que M. Augagneur a traité à Madagascar les protestants de la même façon que les catholiques.

risme ; ils les tiennent à cause de leurs croyances à l'écart des administrations publiques, et, par toutes sortes de brimades, d'injustices, ils soumettent ceux qui y sont déjà à de cruelles et incessantes épreuves ; en face de l'église, ils ont érigé l'école avec la mission de la ruiner, de se substituer à elle (1), de remplacer la religion des aïeux par le culte factice et assez niais de la laïcité qu'ils identifient à la République ; ils mettent, dans les hôpitaux, les pauvres croyants, que la mort frappe, dans l'impossibilité d'accomplir leurs derniers devoirs religieux, en exigeant qu'ils aient, dans le coma ou l'agonie, la lucidité d'esprit voulue pour demander un prêtre, en approuvant toutes les mesures prises par des subordonnés avides d'avancement, en vue de différer le plus possible, et même de rendre inutile, la visite du prêtre quand il est demandé ; ils ont essayé du « délit de messe » pour empêcher l'exercice

---

(1) Voir, à cet égard, l'article publié dans la *Nouvelle Presse libre*, de Vienne, en janvier 1907, par M. Em. Combes, ancien président du Conseil.

du culte catholique, en vue d'impressionner le clergé et de provoquer un schisme ardemment désiré ; ils ont appelé illégalement sous les drapeaux des séminaristes et des prêtres parce que le clergé n'avait pas accepté, sur l'ordre du pape, la loi sur les associations, etc..., etc... Il est tout naturel, dès lors, que sous l'influence du mauvais exemple venant de haut, le Français soit d'une intolérance inquiétante pour l'avenir de notre civilisation. Certes, l'Eglise de France a eu le tort autrefois de sortir de son rôle et de s'allier au pouvoir temporel pour la défense des trônes ébranlés ; mais, le cléricalisme n'est plus aujourd'hui un danger, pour les républicains de bonne foi, et il serait temps d'arriver au régime de la liberté et du droit commun par le retour du gouvernement et de l'Eglise à leur vrai rôle, par le respect mutuel. Est-ce compatible avec les exigences du nombre, et les surenchères électorales, et les haines des politiciens de village ?

Quant à la *liberté individuelle,* elle est moins respectée en France qu'en Angleterre, tout le monde le sait. Nous ne sommes guère plus avancés que sous l'Empire, à cet égard :

nous sommes encore à la merci des préfets et des juges d'instruction, sans qu'ils aient à craindre les représailles de leurs victimes. Il est encore aussi facile que sous l'Empire d'inventer un complot pour incarcérer les gens, pour envahir le domicile des individus et y perquisitionner afin de surprendre des secrets qu'on veut connaître ou de mettre la main sur des papiers compromettants. Pour un juge d'instruction qu'on désavoue, à cause de son zèle maladroit et des protestations du syndicat de la Presse, que d'abus commis ! Et que d'avantages pour les gouvernants sans scrupule ! Complot Déroulède (1899), complot Tamburini (1905), complot des anarchistes, des bonapartistes et des royalistes, sous la direction d'un collégien de 18 ans, à propos des grèves du Nord (avril 1906) (1),

---

(1) « ... Si le ridicule tuait en France, le ministère n'aurait plus très longtemps à vivre », écrivait à ce propos la *Pall-Mall-Gazette* (1ᵉʳ mai 1906). — Eh bien ! c'est précisément ce fameux complot qui a contribué le plus à donner au ministère la forte majorité qu'il a acquise aux élections législatives de mai 1906.

complot Montagnini (1907), voilà, je pense, qui prouve la vigilance et la perspicacité de nos gouvernants, sinon leur puissance d'imagination ! On n'aurait jamais cru la République si menacée ! Le chef actuel du gouvernement, qui est l'auteur d'un projet de loi sur la protection de la liberté individuelle, a adressé, on le sait, en juillet 1906, aux préfets, une circulaire leur recommandant de ne pas user de l'art. 10 du C. I. C. sans son autorisation ; mais c'est tout simplement parce que personne, présentement en France, n'est aussi habile que lui à se servir de cette loi. En fait, les mêmes menaces continuent de planer sur la tête de chacun. Combien d'années cela durera encore ? On ne le sait.

Ainsi, pour nos dirigeants, à plus forte raison pour la foule, le droit individuel est un pouvoir précaire, relatif, subordonné à la bonne volonté des gouvernants, aux décisions des majorités ; il ne s'impose pas par lui-même.

Cette conception est la négation du droit. Voilà la source de tous les abus dont on se plaint.

Si l'on ne fait pas du *droit* un pouvoir in-

tangible placé au-dessus des luttes et des
ambitions des hommes et des partis, au-dessus des constitutions et des lois elles-mêmes
dont le seul but, du reste, est sa protection,
on enlève à une démocratie ses seules assises
naturelles, on supprime toute stabilité, on la
livre au nombre stupide et brutal, incohérent
et anarchique, par suite, aux égoïsmes et aux
passions, aux coalitions et à la violence, aux
fluctuations et à la corruption, à la déca-
dence, en un mot.

Ce que le Nombre a produit

dans notre Société

Mais la loi du nombre ne produit ces effets que dans les sociétés où il n'y a rien au-dessus d'elle et où elle régit tout, où elle a tué l'idéal dans l'âme nationale. Alors, chez l'individu, la fonction du cerveau est annihilée par celle de l'estomac, la vie matérielle et les appétits qui y sont afférents absorbent toute l'activité organique, et, tout ce qui est de nature à rehausser l'homme disparaît.

Les sociétés dominées par un idéal peuvent ne pas souffrir de la loi du nombre : c'est par exemple le cas de la Suisse, des Etats-Unis, de l'Angleterre, de l'Allemagne, qui ont des traditions et des directions nationales stables et un idéal placé au-dessus des hommes et des partis, acceptés par tous les bons citoyens comme un patrimoine glorieux, et dont l'âme populaire est fortement imprégnée. Voyez comment l'Anglais et l'Allemand sont pénétrés de l'idée de la supériorité de leur race, comment ils se croient appelés à jouer le principal rôle sur la scène du monde et caressent des rêves de domination universelle, comment ces hautes aspirations populaires, entretenues par les chefs d'Etat, incarnées en eux (1), stimulées par leurs attitudes, impriment aux actes et aux pensées de tous un caractère de grandeur, une cohésion dans l'effort et une opiniâtreté qui nous étonnent. Nous, au contraire, nous mettons notre orgueil et notre intelligence à détruire tout ce qui nous lie, non pas au passé, abominable réaction ! mais à notre existence d'hier, et à recommencer constamment notre histoire.

---

(1) « ... Hambourgeois et moi, nous nous comprenons », dit Guillaume le 23 juin 1908, aux habitants de la grande cité où palpite l'activité commerciale allemande, à la suite de la grandiose manifestation qui lui fut faite aux chants d'un vieil hymne national, quelques jours après l'entrevue de Revel qui a fortement ému l'âme allemande.

Notre snobisme nous oblige à être toujours
« dans le mouvement » du « dernier ba-
teau », à être fluctuants, impersonnels, cosmopolites, antipatriotes ! Elle est étrange, en
vérité, une pareille mentalité ; mais elle existe
chez nous, et voilà notre faiblesse. La loi du
nombre n'en devient que plus incohérente,
plus dangereuse ; et, loin de contribuer à
amender notre tempérament, elle ne peut que
nous rendre plus versatiles et plus amoureux
du changement, plus nerveux et plus fron-
deurs, plus inconséquents et plus impuis-
sants.

Voyez du reste le chemin parcouru dans
cette voie pendant ces vingt dernières années
environ.

Après nos malheurs, nous avions pris à
cœur, dans un admirable élan d'amour-propre et de patriotisme, de montrer aux peuples
étonnés que nous n'étions pas si bas : nous
avons détruit le régime regardé comme res-
ponsable de notre déchéance ; nous avons
hardiment tenté l'épreuve d'un nouvel ordre
des choses, et, pour le faire accepter par tous,
nous en avons montré la valeur en travail-
lant sagement, opiniâtrément, au milieu des

luttes des partis, à relever notre puissance militaire qui seule pouvait assurer notre sécurité et nous rendre notre place dans le monde ; sur ce point, tous les partis se trouvaient d'accord, et il y avait là une sorte d'idéal qui dominait le nombre, en limitait la malfaisance ; le désaccord n'existait que sur les questions relatives à la suprématie intérieure, chaque parti luttant pour devenir le plus fort. Quand la République, dont le principe est si beau, dont les origines furent si généreuses et si pleines de séduisantes promesses, eut conquis le nombre et se fut imposée, quand sa puissance militaire reconstituée et renforcée par l'alliance avec la Russie eut donné la sécurité du lendemain, la majorité, devenue indifférente aux graves et difficiles problèmes de la vie nationale, ne songea qu'à se maintenir et fit de sa propre existence la grande affaire de la nation. Tout s'orienta vers le nombre ; et le nombre devint la grande préoccupation des gouvernants, l'unique fin du régime.

Or, le nombre ne constitue ni un idéal social, ni une assiette solide à une organisation politique. Nous savons pourquoi. Et c'est pour cela qu'il a tout désorganisé en se constituant. Il n'échappe pas à cette fatalité.

En vue d'assurer sa permanence, la majorité a commencé par soustraire les enfants du peuple, la majorité de demain, à l'influence des religieux restés fidèles, pour la plupart, aux régimes déchus ; puis, elle a fermé hardiment les écoles congréganistes et a dispersé les ordres enseignants, en attendant le monopole réel de l'enseignement, qu'elle instituera probablement. Cela ne serait pas un grand mal si l'Etat restait neutre : mais il incite les instituteurs au prosélytisme politique, à la haine du catholicisme, à la destruction des principes moraux inculqués par les parents et par les maîtres religieux, au bernement des écoliers qui pratiquent leur religion, sans voir qu'il peut en résulter une crise morale dont l'enfant sera la triste victime. Afin d'atteindre plus sûrement le but, il maintient les instituteurs dans les liens de la politique (1) après les avoir, pendant longtemps, condamnés à sou-

____

(1) Le projet de loi, déposé tout récemment par le Ministre de l'Instruction publique, est de nature

tenir le gouvernement pour quelques avantages pécuniaires lentement, progressivement répartis. Les pauvres maîtres d'école, avilis, meurtris dans les luttes sans trêve où on les a entraînés, ont fini par comprendre la puissance redoutable du nombre, et se sont rapprochés sous le regard bienveillant et même encourageant de leurs chefs qui n'y voyaient qu'une évolution sans danger ; puis, brusquement, ils se sont dressés en face du gouvernement ; et maintenant ils lui disent : « Nous sommes le nombre, nous sommes la force, et nous ne voulons plus être commandés; l'école est à nous : nous voulons faire nous-mêmes nos règlements et nos programmes ; et, pour vous imposer notre affranchissement, nous nous unissons au peuple de manière à être encore plus nombreux et plus forts ; c'est aujourd'hui nous qui tenons en main votre sort. » — Et que devient l'enfant dans cette anarchie ? Il est livré à l'instituteur qui, sous prétexte de former dans le bambin de sept à treize ans le citoyen de demain affranchi de

---

à resserrer les liens qui unissent l'instituteur au préfet, c'est-à-dire à la politique.

toute superstition, de tout préjugé, verse chaque jour, sous l'influence des passions et des haines, dans sa jeune âme naïve et incapable de critique, des théories en contradiction avec l'expérience humaine et les nécessités actuelles, des doctrines qui détraquent l'esprit et corrompent le cœur de celui qui se souvient, alors qu'il faut tant de peine pour équilibrer une intelligence et que la plupart des hommes faits sont dépourvus d'esprit d'examen ! Voilà la cause principale, je le dis sans malveillance, de l'accroissement dangereux du nombre des vauriens et de la criminalité juvénile (1), de l'alcoolisme et de la prostitution.

---

(1) En 1840, le nombre des prévenus de 16 à 21 ans fut de 8.000; en 1894, il y en eut 32.000, et en 1900, 35.000, malgré l'excessive indulgence des parquets, blâmée par le Ministre de la Justice d'alors. Depuis 1900, le nombre s'est accru notablement, et les parquets se montrent encore moins sévères malgré les plaintes de la police. — « Depuis vingt ans, chaque fois que le législateur a touché au Code pénal, la mesure prise a privé la société du droit qu'elle a de se défendre... » (Discours de M. Lépine au Conseil municipal, 31 décembre 1907.)

Tous ceux qui observent, remarquent le flot montant du vice et se demandent ce qui arrivera. Les gouvernants fascinés, ahuris, n'osent rien (1), laissent faire les instituteurs et préparent ainsi une grande crise morale par un affaissement anormal de la moralité et de la mentalité publiques. Les primaires actuels sont, en grosse majorité, un danger social parce qu'ils sèment l'idée révolutionnaire et la négation stupide dans les milieux où l'éducation et l'instruction pèchent. La majorité qu'ils font aujourd'hui au gouvernement aura demain de tristes conséquences ! Apprenons donc plutôt à l'enfant la nécessité d'aimer et d'être bon : le bien est plus difficile que le mal, et le cœur est toujours trop tôt empoisonné par la haine et les bas sentiments !

Ainsi, le nombre a désorganisé l'école.

---

(1) M. de Lanessan a fait son *mea culpa* dans le *Siècle* (25 juillet 1908), tout en rejetant les responsabilités sur « les représentants divers des pouvoirs publics ».

La *famille* ne s'en trouve pas mieux. Afin de ne pas passer pour ennemi de la liberté et de ne pas déplaire à la majorité dans les Chambres, aux jouisseurs et aux égoïstes dans le pays, le gouvernement laisse, par un faux libéralisme coupable, la famille se désagréger par l'impudicité publique, par le défaut de protection de la femme et par une trop grande facilité accordée au divorce. Les images obscènes, qui s'exhibent et se vendent encore partout malgré la loi de mars 1908, les tableaux vivants et les hallucinantes nudités qui s'étalent dans certains théâtres, dans les jardins publics et les musées, tout cela enflamme, au nom d'un prétendu art respectable, les sens des jeunes gens qui apprennent ainsi à regarder la femme comme un instrument de plaisir et s'adonnent à la luxure, fuyant de plus en plus le mariage pour les maîtresses ; tout cela contribue à éloigner les maris de leurs devoirs et à leur faire commettre des fautes dont la famille est la première victime ; tout cela favorise l'extension de la prostitution et l'accroissement de l'armée des femmes de mauvaise vie qui désunissent les époux et blasent les jeunes gens dont beaucoup arrivent au mariage àvec un corps épuisé, un cœur desséché, une âme sans délicatesse, et ne provoquent que déceptions et désirs inassouvis; alors, si les sens s'éveillent chez celle qu'on a initiée en vain aux plaisirs de la chair et que la pauvre créature ne soit retenue ni par une grande affection, ni par l'idée religieuse, ni par la reconnaissance, elle se laisse gagner par les ardentes évocations des images, des théâtres et des musées, elle écoute le désir qui parle à son cœur et l'amoureux qui murmure à son oreille de frémissants appels au bonheur. Et la voilà livrée à de plus grandes souffrances ! C'est donc toujours sur la malheureuse femme que retombe tout le poids des calamités sociales : elle est toujours l'être qui souffre et qui pleure, dont nous brisons le cœur pour nous amuser. Son sort serait certainement amélioré si elle était protégée contre la lubricité et la lâcheté de l'homme, si, par exemple, la loi scélérate qui interdit la recherche de la paternité était abrogée, si tout préjudice moral lui valait des dommages-intérêts. Au lieu de cela, on s'apitoie avec autant de perversité que d'inconscience sur le sort des prostituées et de leurs « protecteurs », qui sont souvent des électeurs influents et redoutables, toutes les fois que sous la vivacité des récriminations publiques et sous la menace du danger la police se met à sévir. Enfin, pour achever de faire de la femme le souffre-douleur de notre déplorable société, on vient de donner au divorce des facilités (1) dont les électeurs useront largement et sauront gré au régime. On parle même, dans certains milieux dits avancés, d'un retour radical aux mœurs des premiers âges, et qui sont celles des nègres de l'Afrique, par l'institution de l'union libre! Le père du divorce, M. Naquet, dévoilant la secrète pensée de son cœur toujours jeune et ardent, a osé écrire que la loi de 1884 est pour lui « une étape seulement » vers l'union libre;

---

(1) Conversion *de droit* du jugement de séparation en divorce, après trois ans, sur la demande de l'un des époux. — Au contraire, le projet de loi voté à la Chambre, le 5 juin dernier, sur l'initiative de MM. Violette et Steeg, et portant la légitimation des enfants adultérins, me semble de nature à faire réfléchir les mauvais maris et à réparer beaucoup de mauvaises actions.

et il prétend prouver que la femme n'en souffrirait pas et qu'elle accueillerait favorablement cette réforme, par ce fait qu'il y a plus de demandes do divorce émanant d'elle que de l'homme (7.031 contre 5.497, en 1904, par exemple). Est-ce que cela ne prouverait pas tout simplement qu'il y a des hommes assez... habiles, si vous le voulez, pour chercher à mettre le bon droit de leur côté et tâcher d'échapper aux conséquences de leur conduite, en amenant la femme à demander le divorce, même quand ce sont eux qui ont les premiers torts? Je vais plus loin, et je dis : même si les demandes de divorce émanaient toutes de la femme, cela ne prouverait pas qu'elle n'a pas besoin d'être mieux protégée qu'actuellement contre la lâcheté et la malhonnêteté de l'homme, et qu'elle le serait par une loi dont l'homme abuserait sûrement pour la condamner à un plus triste sort. Ce sont ces criantes injustices qui ont provoqué le « féminisme » dont l'effet ne sera pas de rendre la femme plus heureuse, la société plus honnête et plus policée. La femme y perdra en tout cas sa délicatesse de sentiment, sa douceur, son charme fait de tout ce qui la rend différente de l'homme et séduisante pour cela même. Mais ce n'est pas tout : la famille est sapée par un autre mal, *l'alcoolisme,* qui se répand de plus en plus, et qu'on cherche à enrayer par des discours. Le cabaret n'est pas pour peu dans la misère et la démoralisation du monde ouvrier, dans l'acuité de la crise sociale. Les remèdes efficaces, on ne veut pas les employer par crainte de l'électeur. Le culte du nombre nous condamne donc à l'alcoolisme (1), à la dégénérescence physique et morale.

La religion, autre sauvegarde de la famille et de la société, est, elle aussi, battue en brèche par le nombre. Quelques centaines de politiciens, voyant dans le clergé et dans l'idée religieuse des obstacles à l'accaparement des masses et un danger pour leurs ambitions, ont déclaré ouvertement la guerre aux prêtres et à la religion, au nom de la liberté de cons-

---

(1) Dans le département de l'Orne, par exemple, le nombre des déments par alcoolisme s'est élevé de 147 (en 1888) à 372 (en 1897) ; et, une de ces dernières années, sur 3.582 conscrits, il n'y eut que 1.901 aptes au service militaire.

cience et du progrès. Ces mots magiques ont fasciné les foules ignorantes, dépourvues d'esprit d'examen. Les gens éclairés, terrorisés par les épithètes de « clérical » et de « réactionnaire », ont laissé faire d'abord, sans comprendre qu'en favorisant la défaite du droit, ils préparaient bien des injustices; puis, par lâcheté, vaincus par la puissance du nombre, irrésistible aux esprits faibles, ils sont venus grossir la troupe des snobs et des badauds sans cesse renforcée par de continuels appels aux appétits individuels. Le gouvernement, mû par l'intérêt lui aussi et par la terreur du modérantisme, s'est mis « dans le mouvement », timidement au début, pour rallier les partis et augmenter le nombre de ses amis, puis, hardiment, tête baissée, quand le nombre assurait la sécurité. Enfin, l'on en est arrivé à avoir un gouvernement officiellement irréligieux, hostile d'une façon provocante et peu généreuse aux croyances d'une très grande partie de la population. Or, les religions à morale élevée constituent toutes des barrières puissantes contre les bas instincts, les vils penchants de notre nature, et qui font de l'homme une brute quand ils ne sont pas contenus; pour la foule, pour les êtres faibles, pour tous ceux qui ne peuvent pas trouver dans une mentalité supérieure des règles de vie, il y a là une force morale utile, la plus respectable de toutes, qu'on n'aurait jamais dû songer à briser, à détruire, au nom de l'intérêt même de la société. La moralité publique se ressentira de l'état d'esprit qu'on crée; elle faiblit déjà. C'est une expérience que nous sommes seuls au monde à faire, celle de la destruction du sentiment religieux dans l'âme nationale par l'Etat dont le rôle est pourtant de défendre tout ce qui contribue à rendre l'homme meilleur; et je trouve cela imprudent, insensé. La bête humaine est la plus dangereuse de toutes ! Aussi bien, le nombre, ne l'oublions pas, ne vaut que par les unités associées ! Prenons garde !

L'idée de *patrie* a été également battue en brèche et affaiblie par le nombre. En vue de plaire au peuple et d'obtenir la majorité dans les élections, des politiciens sans scrupule, ou aveugles, faisant appel aux instincts égoïstes des masses, ont commencé par réprouver les campagnes coloniales et les sacrifices en hommes et en argent faits au nom des intérêts de la patrie sous les climats insalubres dont ils ont largement dit et redit les méfaits en exaspérant les bas sentiments qui, toujours, sommeillent en nous; puis, à mesure que les foules se laissaient gagner, ils ont été conduits par la force même des choses, par la nécessité de surenchérir sans cesse pour garder la sympathie du peuple, à mener campagne contre la guerre, contre les armées permanentes, contre les espérances de revanche. Et leur succès fut immense, parce qu'ils réveillaient dans la conscience humaine, au nom de l'éblouissant mot de progrès, — leur excuse,— ce fonds d'égoïsme qui ne demande qu'à prévaloir, parce qu'ils faisaient de passionnés appels aux aspirations de bonheur matériel, parce qu'ils incitaient à fuir l'effort en faveur de la collectivité, parce qu'ils étaient eux-mêmes encouragés dans cette œuvre de renoncement, d'amoindrissement, voire de suicide national, par de prétendus intellectuels et des cosmopolites, par les gens qui ont intérêt à voir la France déprimée, affaiblie, renier les idées qui l'avaient soutenue dans le malheur et régénérée après. Quand les masses furent perverties sur ce point, il fallut surenchérir encore pour conserver leur fidélité, et on leur promit des biens plus positifs, plus immédiats, la réduction du service militaire avec l'adoucissement de la discipline ; on leur promit la caserne sans l'esprit militaire et des chefs sans autorité, le bien-être qui pourrit les armées et les rend incapables du surmenage physique, intellectuel et moral qu'exige la guerre moderne, et les mûrit pour la défaite, selon les justes remarques d'un écrivain militaire allemand. Toutes ces concessions diminuaient l'idée de patrie dans la conscience des foules, en la montrant comme une vague entité (1) s'adaptant à tous les intérêts individuels et n'exigeant aucun sacrifice. Cependant les gouvernants redoutaient l'armée dont l'obstiné silence et la froide résignation au milieu de toutes ces réformes leur donnaient à réfléchir : ils se mirent à semer la discorde parmi les chefs en n'accordant avan-

---

(1) Pour les syndicats rouges, par exemple, elle n'est qu'une idée exploitée par les gouvernants pour justifier l'existence d'une armée destinée à réprimer les mouvements ouvriers.

cements et faveurs qu'à ceux qui regardaient la caserne comme l'antichambre de la salle de vote et le soldat comme un simple électeur. Les gourmands et les arrivistes se firent les espions et les dénonciateurs de ceux qui n'affichaient pas de l'enthousiasme pour les idées nouvelles, et l'armée se divisa, s'affaiblit ; et la nation, après les plus grands sacrifices, se trouva dans un état inférieur de défense. Enfin, des politiciens et des gouvernants, toujours en quête de succès électoraux, en sont venus à nier la Patrie elle-même, dont l'existence comporte des sacrifices trop lourds pour leur égoïsme; et ils osent encourager les citoyens à la fouler aux pieds, à travailler à sa ruine, jusque dans les rangs de l'armée et dans les arsenaux ! Le nombre a donc affaibli l'idée de Patrie et la défense nationale.

Aussi bien, la puissance économique et la vitalité du pays ont faibli. « Nous sommes le nombre ; c'est du nombre que sort la puissance législative et gouvernementale; donc nous sommes les maîtres ; donc députés, sénateurs et ministres n'ont qu'à nous obéir..... » disait, à Toulon, le 28 janvier 1906, un surveillant technique, dans un meeting des ouvriers de l'arsenal, pour protester contre le rapport de M. Barthou sur les revendications des salariés de l'Etat relativement au droit de se syndiquer : voilà bien le fond de la pensée des masses électorales ; c'est ce principe anarchique que l'on retrouve partout. Dans le monde de l'industrie et du commerce, les luttes incessantes des employés faisant bloc contre l'employeur et l'accablant sans cesse de charges nouvelles, les grèves fréquentes (1) imposées aux ouvriers par des turbulents ou des révolutionnaires, au nom de la puissance du nombre, les continuelles atteintes portées par les grévistes à la liberté de travail au nom de la nécessité du nombre et tolérées par les gouvernants au nom de la nécessité du nombre, la pratique de plus en plus répandue du sabotage portant à la fois sur la qualité et la quantité (2) du travail et qui est

----

(1) D'après les statistiques de l'Office du Travail, il y a eu, en France, 5.625 grèves, de 1890 à 1901.

(2) Les entrepreneurs de Paris constatent une diminution de 35 à 50 p. 100 dans le rendement du travail. Les ouvriers reconnaissent la diminu-

à peine réprimé par l'autorité quand il est patent ; la réduction arbitraire des heures et des journées de travail, sans considération des exigences du métier, au nom des intérêts électoraux et de la nécessité du nombre, les excitations incessantes des appétits du peuple dont les revendications deviennent intolérables et dont les besoins grandissent à mesure qu'il devient moins laborieux, les prétentions de plus en plus manifestes des ouvriers de vivre aux dépens de ceux qui possèdent, de les dépouiller, et de travailler au nivellement des fortunes, en attendant la révolution, pour la « prise de possession des richesses sociales », tout cela écrase la production française de frais qui retombent en définitive sur l'ouvrier sans qu'il s'en doute et qui nous mettent en état d'infériorité par rapport à la production étrangère, et nous font reculer partout dans la concurrence mondiale (1). Les

______

tion ; et, le 26 juillet 1908, réunis à la Salle Tivoli, ils ont voté un ordre du jour par lequel ils se sont engagés à « répondre à chaque renvoi par une diminution de production... »

(1) « Le commerce extérieur de l'Angleterre,

chiffres sont inquiétants. La crise existe, aiguë. On ne la voit pas, on ne veut pas la voir pour ne pas effaroucher le nombre. La somme de travail que fournissent nos ouvriers est dérisoire auprès de celle des Anglais et des Allemands, parce que les syndicats, chez nous, interdisent le zèle et toute distinction entre les bons et les mauvais ouvriers, et contestent même la nécessité de l'apprentissage ; et les pouvoirs publics et les politiciens encouragent les travailleurs dans cette voie et les protègent contre les intérêts vitaux de la nation, parce qu'ils sont le nombre. Nos ports, mal outillés pour les besoins modernes, ne sont plus en état de lutter contre les grands

------

importation et exportation réunies, s'est élevé à 22 milliards et demi; celui de l'Allemagne, à 17 milliards et demi; celui des Etats-Unis, à 16 milliards; et le nôtre, à 10 milliards 273 millions. Vous voyez que ce pays, le nôtre, qui était le second pays commercial après l'Angleterre, est devenu le quatrième et même le cinquième... » Disc. de M. J.-Charles Roux, président de la Compagnie générale Transatlantique au Comité du commerce extérieur. (Voir *La Revue hebdomadaire* du 14 septembre 1907.)

ports (1) de Londres, de Hambourg, d'Anvers, de Liverpool et même de Gênes ; et nous avons pourtant dépensé 180 millions environ que nous avons répandus en « manne électorale » (2) sur tous les ports de notre vaste littoral, pour avoir le nombre. Ainsi, la vitalité de la France, sa richesse, son avenir économique, l'avenir de sa marine marchande, tout cela se trouve compromis par la nécessité de plaire aux masses pour avoir le nombre.

Les finances publiques ont subi également l'influence néfaste de la loi du nombre. Je ne saurais mieux indiquer les raisons du « fâcheux état de choses » actuel que M. Caillaux lui-même ; je lui laisse donc la parole.

---

(1) En 1905, par exemple, le mouvement du port de Londres fut de 10.814.000 tonnes ; à Hambourg, il fut de 10.400.000 tonnes ; à Anvers, de 9.816.000 tonnes; à Liverpool, de 7.806.000 tonnes; à Marseille, de 7.441.000 tonnes ; au Havre, de 3.866.000 tonnes.

(2) M. J. Charles-Roux, président de la Cie générale transatlantique. (Voir *Revue hebdomadaire* du 14 septembre 1907, p. 149.)

« Masquer les réalités à l'aide d'*expédients,*
« *cacher la vérité* au pays en mettant en
« œuvre des *artifices de trésorerie, laisser les*
« *Chambres voter toutes les lois de dépenses*
« sans y faire sérieusement obstacle, afin
« d'éviter... l'impopularité..., telle fut la tac-
« tique suivie pendant les dernières années ;
« telles sont les causes particulières du défi-
« cit (1). » C'est encore la méthode employée
pour gagner les électeurs et s'assurer le nombre, le nombre divin qui donne la vie et la
puissance, les jouissances et le bonheur. Partout l'on convie à l'immense et interminable
curée tous ceux qui ont l'estomac plus prompt
que le cerveau : et l'accroissement annuel des
dépenses est passé de 36 à 100 millions; et un
déficit avoué de 350 millions s'est creusé dans
nos budgets, malgré les ressources exception-
nelles des conversions, des bissextilités, de
l'indemnité chinoise, des ventes de terrains
et d'armes, etc..., malgré les 230 millions environ d'emprunts déguisés que sont les obli-
gations à court terme actuellement en circu-

---

(1) Article de la *Petite Gironde,* du 3 juil. 1906.

lation, malgré les impôts nouveaux et les majorations de taxes atteignant certaines catégories d'électeurs, malgré la suppression du budget des cultes, malgré les prorogations de certaines échéances (par exemple, celles relatives au rachat du Canal du Midi), etc...

Les administrations publiques, elles aussi, tiraillées par les associations, dominées par la puissance du nombre, se disloquent au gré des appétits individuels, se désorganisent, s'affaiblissent, et sont devenues des refuges pour les « pistonnés », pour les amis des gouvernants, qui ont le cynisme de se donner comme les défenseurs du régime ; l'autorité avilie ne trouve encore de l'énergie que contre les faibles, les moines, les sœurs, les parias de la minorité ; les dirigeants se débattent en des luttes stériles, donnant l'impression d'une sorte d'hystérie politique ; rien ne se fait qui intéresse la nation tout entière : on ne vote que des lois de parti, on ne prend que des mesures électorales ; en un mot, il n'y a pas de gouvernement en France: il n'y a que des chefs de parti au pouvoir. Et voilà pourquoi la désagrégation est partout, pourquoi la race française va s'affaiblissant en tout, pourquoi rien ne s'organise pour la lutte contre les peuples rivaux, pourquoi l'on ne prévoit rien, l'on n'entreprend aucune œuvre nationale, pourquoi enfin, en dépit de l'optimisme officiel, trop intéressé pour être sincère, le désordre et l'incohérence sont partout, malgré la bonne volonté et l'intelligence réelle de quelques-uns de nos dirigeants. Puis, quand des catastrophes éclatent, quand des symptômes d'anarchie se manifestent publiquement, le seul souci des gouvernants est d'atténuer les choses et de fermer la bouche à ceux qui peuvent parler, pour ne pas effrayer le nombre, au lieu de voir dans ce qui se produit un enseignement salutaire et une raison de prendre loyalement la résolution de chercher les remèdes, ce qui n'est pas facile, je l'avoue, au milieu de continuels bouleversements rendant impossibles une unité de vues, un plan soustrait aux caprices du nombre.

Enfin, la grandeur morale elle-même de l'âme française est menacée. Il souffle par tout le pays un vent de corruption électorale, d'asservissement intellectuel, qui est en train d'avilir notre mentalité. Nous avions le culte de l'indépendance de la conscience, de la franchise, de la générosité du cœur, de la loyauté, de la justice ; nous avons fait des révolutions pour jouir librement de ces avantages ; nous avons combattu et ruiné l'Eglise pour détruire ses empiètements sur notre liberté de penser : et nous voilà retombés dans une servitude intellectuelle plus grande encore, parce qu'elle n'est tempérée par rien et qu'elle est imposée brutalement par le nombre triomphant. Nous voilà inquiets, soupçonneux, n'osant plus parler ni agir, quand nous craignons d'être en opposition avec les gouvernants ; nous voilà ne redoutant rien au monde plus que de déplaire aux maîtres du jour, parlant et agissant constamment contre nos plus intimes sentiments, que nous refoulons hypocritement au fond de notre conscience et que nous dévoilons dans la seule intimité du foyer, en l'absence des domestiques ; nous voilà obéissant partout, au doigt et à l'œil, à des hommes qui s'imposent on ne sait pourquoi, ni comment, en qui on ne voit rien de supérieur et chez qui, au contraire, on remarque très souvent des tares et des hontes, à des fantoches que nous haïssons dans notre for intérieur, mais à qui nous faisons bonne figure parce qu'ils représentent le nombre, c'est-à-dire la force, l'influence, les faveurs, les honneurs, l'argent ; nous voilà ayant comme idéal de n'être rien par nous-mêmes, d'être ce qu'on veut que nous soyons, polymorphes et serviles, pourvu que cela nous rapporte. Au Parlement, dans les partis, dans les administrations publiques, dans les associations ouvrières, dans les relations sociales, partout, les actes d'indépendance ne sont point tolérés : une discipline de fer pèse de tous les côtés sur le Français, au profit exclusif d'une poignée d'intrigants, jouisseurs et cupides. Ce que l'on veut partout, c'est l'abdication de tout sentiment de dignité personnelle, c'est la veulerie qui assure la domination du nombre. Pour y arriver, le gouvernement pratique sans scrupule le trafic des consciences : le député et le sénateur doivent être de la majorité ministérielle (1) et voter servilement — quitte à

---

(1) De même, la formation des ministères est réglée par la loi du nombre : la capacité, les garan-

prendre leur revanche dans les scrutins secrets — s'ils veulent avoir l'influence, la protection et les faveurs qui leur conserveront leur siège ; l'électeur doit être de la majorité s'il désire pour lui-même ou pour quelqu'un des siens une faveur quelconque, ou s'il veut être quelque chose dans l'Etat. S'il ne veut pas se soumettre, on truque son vote et on lui fait dire ce qu'on veut. A ceux qui se font les fidèles serviteurs de la majorité tout est permis : on n'exige d'eux ni honnêteté privée ni honnêteté publique ; la justice leur est clémente ; les lois fléchissent devant eux : leur reprocher quelque chose, c'est faire œuvre d'hostilité envers la République, c'est se comporter en réactionnaire. Et tous ceux qui peuvent, profitent largement de cet état d'esprit pour faire leurs affaires, pour s'en-

---

ties individuelles n'y comptent pour rien. Et voilà pourquoi l'on voit arriver au pouvoir des hommes à antécédents déplorables. Un cabinet se fonde comme une maison d'affaires : les bulletins de vote remplacent les billets de banque ; voilà la différence.

richir et acquérir l'influence par l'or, qui achète les consciences et fait le nombre, lequel justifie tout ; du haut en bas de notre société, dans les hautes sphères politiques, dans les administrations publiques, partout, c'est la lutte acharnée pour l'intérêt personnel, pour le triomphe du « moi » ; c'est la danse infernale autour de la nouvelle dualité divine, le nombre et l'or. Les groupements professionnels n'échappent pas à la nécessité de sacrifier au nouveau culte ; ils représentent, au contraire, une forme d'égoïsme plus redoutable encore, parce qu'il y a là une plus grande énergie dans la recherche du bonheur individuel au détriment des intérêts des autres et de ceux de la société, aux dépens du droit et de la justice. L'associationnisme n'est, en effet, chez nous, qu'un égoïsme élargi, une forme de cet individualisme qui nous tue. Le débordement d'égoïsme a provoqué une telle diminution de la socialité que les périls nationaux les plus grands, les nécessités de la défense et de la sécurité du pays, l'intensité d'une crise économique aggravée par une situation budgétaire inextricable, tout cela laisse absolument indifférents les citoyens et les gouvernants uniquement préoccupés de leurs propres intérêts.

Que peuvent devenir le droit et l'indépendance dans un tel état de choses ? Ils sont piétinés par la foule, sans pitié, sans ménagement. Malheur à qui s'oppose au nombre ! Et, pour que nul pouvoir ne s'élève en face de lui, qui l'oblige au respect du droit, la justice a été terrorisée, maîtrisée, attirée : dès qu'un soubresaut se produit en elle, accusant un réveil d'énergie, elle est enveloppée de liens nouveaux, paralysée. Les décrets d'août 1906 et de février 1908 sont des étapes dans l'asservissement. L'intérêt individuel a parlé là aussi : c'est la conscience sociale qui s'éteint.

Il faut à l'âme une forte trempe pour résister à l'orage, quand on est jeune et qu'on veut se faire une place au soleil ! Il faut, en vérité, un haut idéal de justice et un profond amour de la liberté pour ne pas se courber devant la force et adorer le nombre !

Cependant, dans la mêlée générale, au milieu des ruines qui s'amoncellent de toutes parts, l'on n'entend que la voix stridente des chefs excitant à la lutte, ou ralliant leurs troupes. « En avant ! » crient-ils.

Les ennemis furent d'abord les royalistes et les bonapartistes : ils furent vaincus.

Mais les républicains ne purent pas s'entendre : ils se firent la guerre. Il y eut, d'un côté les opportunistes, les modérés, de l'autre, les intransigeants, les radicaux. Les idées extrêmes plaisant toujours davantage aux foules, aux âmes naïves, aux jeunes gens et aux ignorants, parce que la mesure est la marque de la science et de l'expérience, du bon sens, choses rares ; d'autre part, étant donné qu'il est plus facile de soulever les passions humaines que de les apaiser, qu'on a toujours le beau rôle en faisant appel aux appétits que le présent ne satisfait pas et en promettant leur réalisation, les intransigeants ont vaincu les modérés.

En avant ! Voilà la République radicale !

S'arrêtera-t-on ? — Non. En avant ! encore en avant ! clament les politiciens, serrés de près par la foule, dont l'impatience et la cupidité grandissent à mesure que recule devant elle le chimérique bonheur dont le jour, sans cesse s'éloignant, ne luira jamais.

Voici en effet que de nouveaux adversaires en quête de succès, d'influence et d'argent, se sont dressés devant les radicaux. Derrière eux sont des barbares aux mains crochues et aux dents longues, à la face hâve, à la bouche écumante de rage contre notre pauvre humanité ; insensibles à l'art, aux douceurs de la musique, aux grâces de la femme, fleurs de notre civilisation, à toutes les merveilles que l'intelligence a accumulées au prix de l'effort et de la souffrance, ils veulent détruire tout cela, c'est-à-dire tout ce qui honore l'homme, pour chercher dans le pillage, le sang et le feu, ce bonheur illusoire dont on a assoiffé leurs sens. Ce sont les collectivistes. La civilisation n'a jamais couru un plus grand danger. Il faut craindre ces violents qui parlent au nom de nombreux siècles de misère et qui remuent dans le cœur des foules ignorantes et crédules, sans jugement et sans éducation, mais sympathiques pour cela, tous les bas instincts de la brute. Leurs chefs les électrisent ; ils leur montrent dans un mirage lointain une sorte de terre promise, et leur disent : là seulement nous serons heureux ; en avant !

Les radicaux épeurés se sont divisés, et se
sont affaiblis : les plus courageux sont restés
autour de leur drapeau ; les plus faibles et
les plus cupides se sont placés entre leurs
amis d'hier et leurs amis de demain ; ce
sont les radicaux-socialistes. Les uns et les
autres sont secoués par la terreur du *modérantisme,* mal pernicieux des démocraties
déréglées. Comme ce sont toujours ceux qui
flattent le plus et promettent le plus qui sont
les plus aimés des foules, les apôtres du collectivisme gagnent chaque jour du terrain.
S'ils triomphaient, c'en serait fait de la civilisation, de la liberté, de la dignité de
l'homme : une discipline de fer, comme l'on
n'en a jamais vu, broierait l'individu et le
réduirait à l'état d'atome social. La beauté
de la vie, parce qu'elle est notre œuvre, s'en-
volerait ; et il n'y aurait plus pour l'homme
déchu du rang d'être pensant, voulant et
agissant, qu'une triste et misérable existence
dont les actes seraient des servitudes. La cité
antique était maîtresse du corps et de l'âme
des citoyens : la cité collectiviste, plus tyran-
nique encore, serait la mort intellectuelle et
morale.

Déjà les radicaux sont traités de « bourgeois » et de « réactionnaires », quand ce sont les collectivistes qui sont les plus affreux réactionnaires. Afin d'échapper à ces coups mortels, les radicaux se sont faits, dans bon nombre de circonstances, au cours de ces dernières années, les alliés, c'est-à-dire les valets des collectivistes contre de vrais républicains ennemis de la tyrannie ; de 1899 à 1907, ils ont été à la merci de leurs adversaires, au Parlement et dans le pays ; et ils n'ont repris un peu de courage qu'à l'arrivée au pouvoir de M. Clémenceau, qui a su calmer tant soit peu les révolutionnaires et les sans-patrie ; je suis heureux de lui rendre cette justice. Mais la terreur de paraître en retard aux yeux d'un peuple qui a le culte irraisonné et déraisonnable du nouveau, quel qu'il soit, en tout, et qui, par un snobisme insensé, croirait déchoir en restant fidèle à ce qui date d'hier, même quand hier vaut mieux qu'aujourd'hui, cette terreur continue d'agiter les radicaux ; et l'ardent désir de conserver leur clientèle électorale à n'importe quel prix les rend capables de toutes sortes de faiblesses, de capitulations. Déjà, ils de-

viennent *étatistes* et préparent ainsi les
« temps nouveaux », malgré eux ; déjà, ils
qualifient de réactionnaires ceux qui défen-
dent nos institutions et notre civilisation
contre les violents et les barbares qui veulent
tout détruire, et ils ne regardent comme républicains que ceux qui inclinent vers le collectivisme, vers MM. Hervé et Jaurès, seuls à
l'abri de l'épithète de « réactionnaire » ;
déjà, ils répudient toute alliance avec les
vieux républicains restés fidèles aux droits
de l'individu et à la liberté — leurs principes d'hier — et aux idées par lesquelles ils
sont arrivés au pouvoir. Ils esquissent un
mouvement en avant pour ne pas être enve-
loppés, vaincus.

Mais, où est le but ?

« Interrogez nos amis de la Chambre, ils
vous répondront : nous suivons le mouvement, mais nous ne savons pas où nous
allons... », disait, le 15 juin 1908, M. Poin-
caré, au banquet de l'Alliance républicaine
démocratique. Si tel est le désarroi des chefs,
quel peut être l'état d'esprit des masses ?

De fait, chez nous, actuellement, la puissance d'organisation et de coordination de l'intelligence humaine s'éteint dans l'atonie générale, d'où émergent seulement l'amour du « moi » et le désir de jouir de l'heure présente. La crainte des responsabilités, des affaires, qui peuvent ébranler l'équilibre instable du nombre, tue toute initiative généreuse, toute réforme capable de produire un remous dans le sein de la masse. Chacun sent en soi cet effacement de la personnalité, cet hébétement et cette vague appréhension qu'on éprouve quand on est emporté par une foule dont on ne peut se dégager et dont on reçoit l'impulsion sans savoir d'où vient cette impulsion, où elle tend.

Ce vaste mouvement, déterminé par l'attraction magnétique du mieux et orienté malheureusement vers le mieux matériel, quand il devrait être dirigé vers le mieux moral, où seulement se trouvent le vrai progrès et le bonheur, aboutira non au collectivisme, qui ne répond à aucune des aspirations fondamentales et stables de la nature humaine et ne peut partant constituer une façon durable de vivre en société, mais à la ruine complète de la socialité par le triomphe des instincts anarchiques sous la puissance de la chimère collectiviste.

Il n'y a pas, en effet, de régulateur à la machine gouvernementale, en France. L'intelligence humaine en donne un aux machines qu'elle invente, et dont elle veut un fonctionnement normal : ici, de parti-pris, se mettant en contradiction avec elle-même, avec la Raison qui l'inspire partout ailleurs, elle se refuse à en créer un.

En Angleterre, en Allemagne, aux Etats-Unis, dans tous les pays bien organisés, il existe un pouvoir régulateur, et la marche des événements n'est pas livrée aux hasards, aux surprises, aux coalitions des appétits individuels ; aussi bien, il y a quelque chose qui domine le nombre, le maîtrise, l'anime, l'intellectualise et le rend bienfaisant : il y a une idée au-dessus des masses ; cette idée est à la fois le centre d'attraction et d' « actionnement » des énergies individuelles coordonnées ; et c'est elle qui rend ces peuples grands. L' « idée nationale » des Allemands et celle des Anglais débordent de toutes parts dans le monde. Pour les peuples, comme pour les individus, une existence désordonnée, reste stérile.

Eh bien ? chez nous, Français, il n'y a rien de semblable : tout est entièrement livré au nombre, et le nombre est corrompu. Nos gouvernants ne veulent même point, par égoïsme criminel, réaliser une réforme qui s'impose, et qui est réclamée par les honnêtes gens de tous les partis, la moralisation et la libération du suffrage universel. On en parle de temps en temps dans les milieux politiques, et au Parlement, quand on veut se donner des airs d'honnêteté civique, ou quand approchent les élections et qu'on craint pour soi-même ; chacun en reconnaît la nécessité dans son for intérieur ; mais tous en redoutent les effets et n'en veulent pas pour cela. Chacun préfère au danger d'un sacrifice personnel sa majorité actuelle, frelatée, achetée, se disant : le nombre est le nombre, après tout, et peu importe comment il est obtenu ; la fin justifie les moyens.

Voilà pourquoi je suis loin de désespérer de ce beau pays de France, et je soutiens que nous ignorons ses vrais sentiments. On empêche les volontés de se manifester librement ; l'on truque les scrutins ; on triture, on façonne comme l'on veut la pâte électorale et l'on impose à la nation des représentants indignes d'elle. Chez nous, celui qui « tient les urnes » peut beaucoup, car le peuple est faible, léger, oublieux, sans volonté, facile à conduire. La France officielle n'est pas toute la France, n'est pas très probablement la vraie France.

L'âme nationale ne mérite donc pas les sévères accusations dont les étrangers l'accablent : elle est certainement livrée à la contagion du vice par une étrange conception de la liberté où l'honnêteté et les bonnes volontés individuelles sombrent souvent ; la générosité qui la caractérisait supérieurement se laisse entamer par la loi brutale du nombre et la nécessité de se soumettre à la force ; le sentiment des devoirs envers les faibles et les vaincus est devenu moins impérieux en elle, et l'égoïsme tend à la rendre dure et violente ; mais, malgré tout, elle n'est pas aussi dépravée, aussi dégénérée qu'on le croit : elle a encore de la grandeur et des vertus.

Cependant, il est temps de sònger à sauvegarder notre patrimoine moral. Ceux qui sont dans la lutte n'ont ni le temps, ni la liberté d'esprit nécessaires pour observer. La dépression existe ; et c'est lorsque le mal n'est pas encore profond qu'il faut le combattre, afin de le guérir plus facilement.

Les Remèdes

Les remèdes ?

Ils sont bien simples. Il suffit de vouloir les employer. Le seul obstacle est l'égoïsme de nos gouvernants : ils ressemblent à ces médecins malhonnêtes qui entretiennent la maladie chez le riche client pour lui extorquer le plus d'argent possible. Mais, le jeu du médecin malhonnête est quelquefois surpris ; et l'exploiteur est mis à la porte !

Le premier remède est connu : il faut *moraliser* et *libérer* le *suffrage universel*. Nous en avons les moyens : la loi du 30 mars 1902, relative aux fraudes avant, pendant et après les scrutins, les donne amplement. Mais cette loi, les gouvernants sont les premiers à la violer : tous les agents de l'Etat, soucieux d'avancement, la foulent impunément aux pieds ; la majorité, qui bénéficie des tru-

quages et des dénis de justice, laisse faire ;
la minorité, qui est opprimée, ne peut pas
obtenir la répression des fraudes. C'est démo-
ralisant !

Il nous faut pourtant nous résigner à respecter la conscience et la volonté de l'électeur. La République n'a réalisé aucun progrès appréciable sur l'Empire, à cet égard.
Elle doit à elle-même cette réforme.

Le second remède est « *l'élargissement du
mode de scrutin dans les élections législatives* » (1). Le scrutin d'arrondissement n'en-
voie à la Chambre que des politiciens de village, dont la pensée est étroite, et le cœur empoisonné par les haines de clocher : il faut
donner de l'air au suffrage universel, qui
étouffe entre les murs étroits des villages.
Cela, tous les esprits clairvoyants le savent
et le demandent ; la Commission spéciale
nommée par la Chambre ne cesse de le ré-
clamer ; M. Clémenceau l'a promis au pays
en arrivant au pouvoir. Nous attendons toujours cette réforme, bien plus importante que

---

(1) Déclaration ministérielle du 5 nov. 1906.

d'autres auxquelles le Ministère a lié son existence. Le pays tout entier s'en trouvera bien
très certainement, car le mode de scrutin actuel est une loi de circonstance, détestable
comme toutes les lois de ce genre. M. Clémenceau, qui a donné, au pouvoir, des
preuves d'intelligence, et, choses encore plus
rares, d'indépendance et d'autorité enjouée,
rendrait un immense service au pays en
tenant sa promesse et en prenant l'initiative
d'une réforme qui ne peut pas être livrée
à la bonne volonté de la Chambre ; il est rare,
en effet, que les hommes aillent d'eux-mêmes
au-devant d'un sacrifice ; il faut les y
pousser.

Voilà des moyens de « sortir la France
moderne des décombres de l'ancien régime »,
où elle « est retombée », selon les justes
paroles de M. Clémenceau à la cérémonie
de l'inauguration d'une plaque commémora-
tive sur la maison de Danton, à Choisy-le-Roi
(23 février 1908) ; c'est « notre devoir »,
ainsi que l'a fort bien dit le président du
conseil.

Mais, à mon avis, ces réformes ne représentent qu'une étape. Le vrai moyen de sauver la civilisation, de préparer l'avenir glorieux de notre race, d'asseoir la République *définitivement* sur les ruines des anciens régimes vaincus par le progrès, c'est de placer au-dessus du nombre stupide et lâche, anarchique et destructeur, la seule puissance qui féconde et crée, coordonne et perfectionne par l'évolution, l'Intelligence éclairée par la science (1) ; c'est de vouloir que la politique cesse d'être un art purement empirique fait de formules absurdes, de mensonges et de haines ; c'est de transformer le suffrage universel en un organe créateur d'une vraie élite sociale, aussi nécessaire que la masse cérébro-spinale à l'être supérieur.

L'élite politique actuelle n'a qu'une mentalité de primaire. C'est le premier degré de l'évolution.

---

(1) Nous avons indiqué les moyens d'y arriver dans notre ouvrage *Conditions et limites du gouvernement par la majorité*, p. 154 et sq. — S'il y en a de meilleurs, qu'on les emploie.

Il faut un autre cerveau à notre organisme social, excessivement compliqué.

Place à l'Intelligence, pour que la société devienne meilleure !

En arrière, les barbares !

CONCLUSION

L'*intellectualisation* du suffrage universel
aurait pour effet de créer cette élite, à qui
l'on pourrait sans crainte confier les destinées de la nation.

Alors, les questions politiques et écono-
miques se résoudraient méthodiquement,
scientifiquement ; et l'erreur reculerait parce
que la passion et l'égoïsme, qui portent chacun à tout ramener au point de vue personnel et à voir tout à travers soi-même,
feraient place à la froide Raison, qui tend
d'instinct à la vérité universelle et nécessaire, située en dehors de l'espace et du
temps, au-dessus des hommes et de leurs
idées d'un jour ; alors, les choses et les
hommes seraient mis à leur place, et l'ordre
remplacerait la confusion, l'anarchie actuelle ; une douce et saine émulation pour le

mieux réel, le progrès moral, travaillerait la société ; et les destinées humaines s'orienteraient vers l'idéal : à la soif du bien-être matériel qui corrompt, divise, rabaisse, succéderait le désir du mieux-être moral qui élève, rapproche, honore.

Mais, n'est-il pas à craindre que cette élite, puissante par l'intelligence et la science, abuse de sa supériorité et introduise dans les relations sociales une autorité hautaine et insupportable, une discipline de fer qui broierait l'homme et lui ferait un sort plus malheureux que celui auquel nous voulons le soustraire ?

Non, très certainement.

La vraie science n'est jamais orgueilleuse ; la vraie intelligence est toujours indulgente pour les faiblesses humaines, libérale pour la pensée qui cherche et fait effort vers le bien et le vrai, compatissante pour les maux afférents à notre pauvre nature. Les racines de l'entendement sont dans la sensibilité. Le divorce entre ces deux facultés est anomal : il est plus naturel que l'Intelligence éclaire, affine la sensibilité, et provoque l'apparition des formes supérieures de l'amour, celles qui éloignent de l'égoïsme, lequel est à l'homme ce que l'instinct est à l'animal.

Par conséquent, la lutte pour la vie deviendra assurément plus douce, plus humaine, quand plus de bonté intelligente règnera dans les rapports sociaux ; et il y aura plus de bonheur, plus de consolations dans le monde.

Ayons donc confiance dans l'Intelligence ! Disons-nous bien que sans elle rien n'existe. La pâle lueur qu'elle jette sur les choses de la politique a suffi jusqu'ici pour nous faire échapper à bien des maux, et nous faire saisir bien des réalités : nous pouvons nous faire par cela une idée de ce qui serait si l'on pouvait lui accorder la place qu'elle mérite, et dont la tiennent éloignée les passions et les intérêts des hommes.

Quant à moi, j'ai en elle une ardente foi ; et cette foi, je la proclame avec amour.